그래가지고 우째 사노

민정희 제2시집

문학공원 시선 223

"우리 한번 잘 살아 보자구려"

그래가지고 우째 사노

민정희 제2시집

어디를 가나 사람 사는 모습들은 비슷비슷한 것을 그래가지고는 그런대로 쿵쿵짝 이래가지고는 이런대로 쿵쿵짝이다 이 한세월 달래가며 그래가지고 우리 한번 잘살아 보자구요

〈詩集을 내면서〉

이웃들의 영혼이 치료되길 바라며

옛날에 어머니가 하시던 말씀이 다 詩라 생각하고
어머니 품속에서 詩를 먹고 자란
저는 자연스럽게 詩를 쓰게 되었습니다
이렇게 또 詩集을 내게 되어서 가슴 뭉클합니다
한 많고 힘든 세상, 그 자체가 전부 詩가 아니던가요
그동안 저는 외롭고 쓸쓸함을 달랠 때면
詩가 항상 곁에서 있어주었습니다
혼자서 詩를 꾸물닥꾸물닥하고 있다가
이러면 안 될 것 같아서
산에다 들에다 詩集을 지어보기도 하다가
이렇게 손으로 들고 다닐 수 있는
詩集을 내게 되어서 가슴 뭉클합니다
요즘 사람들은 詩를 잘 읽지 않는다고 말을 합니다
한번 읽어 보세요
힐링이 많이 될 겁니다
어느 정도 나이가 들면 마음에 드는
시집 하나 정도는 가지고 계시는 것도
삶에 활력소가 될 것입니다
특히 閔貞熙 시집과 인연을 한번 맺어보세요

가까운 곳에 오랜 친구 사는 듯 괜찮을 겁니다
쓰레기통에서도 꽃을 피울 수 있는 게
詩라고 생각해 보고
마음속에서도 꽃을 피울 수 있는 것이
詩라고 생각해 본다면
詩는 사람한테 없어서는 안 되는
힐링의 공원이라 생각합니다
앞으로 더욱더 독자들에게 사랑받는 시인이 되도록
부단히 노력하겠습니다 많은 사랑 부탁드립니다
이 詩集이 나오기기까지 저를 아는 모든 분께 감사드립니다
특별히 수고가 많으셨던 김순진 교수님과
문학공원 관계자 여러분들께도 감사드립니다
수고 많으셨습니다. 사랑합니다.
오랜 코로나19 바이러스가 잦아드는 봄입니다
많이 힘드시지요 많이 답답하셨지요
제 시집으로 이웃들의 영혼이 치료되기를 바래봅니다

2023년 봄

閔 貞 熙 배상

차례

1부. 배려하는 꽃

2부. 뒤척이던 밤

차례

3부. 밀양역 동백꽃

4부. 살포시

차례

작품해설

1부

배려하는 꽃

그곳에 가면

그곳에 가면 실개천에 부는 바람도 좋고
그곳에 가면 너무 좋은 흙길도 좋다면서
그곳에 한번 가보라고 합니다

아무리 생각해 봐도
그곳에서 실개천은 본 적이 없는데 하고
따라나선 곳은 서오릉 둘레길이였습니다

산자락을 빙빙 돌다 보니
정말 실개천도 나오고 편안한 흙길도 나왔습니다

야 정말 좋다 하니 산세가 얼마나 좋으면
왕이 다섯 분이나 이곳에 계시겠느냐면서
맑은 기운 많이 받고 가자고 합니다
그래야지요

서울 근교에 힐링할 수 있는 이렇게 좋은 곳이 있다는 것이
얼마나 큰 선물이고
얼마나 큰 행복인지 모르겠습니다

이 모든 것에 감사하면서
오늘도 열심히 살아가렵니다

바람 분다고

바람이 분다고
바람이 왜 이렇게 많이 불지
하지 말아요
그 바람 속에 꽃이 싹트고 있어요

비가 온다고
비가 왜 이렇게 많이 오지
하지 말아요
그 빗속에 꽃이 싹트고 있어요

바람에 날리고 비에 젖어도
그 바람 그 비가 꽃을 피우는 것이라면
참고 견디겠어요

바람에 날리는 꽃을 볼 때까지
비에 젖은 꽃을 볼 때까지
내 마음속에 꽃을 피우고 기다릴래요

분위기가 괜찮은 모양이다

이렇게 보니 나도 분위기 좋고
고상한 아름다움을 가지고 있는 모양이다

지나가는 작가가 나의 분위기 앞에서
저렇게도 좋아하는 걸 보면

기와 옆에서 나처럼 꽃 한번 피워보세요
분위기 때문인지 오가는 사람들이 엄청 좋아하네요

이럴 땐 오월의 장미꽃보다
훨씬 사랑을 많이 받고 있는 것 같아서 기분 만땅이다

* 은평구 응암3동에서

배려하는 꽃

단비가 내려 꽃망울을 적셔주니
활짝 핀 벚꽃나무 더 예쁨을 자랑하네요
벚꽃 하면 봄
봄 하면 벚꽃
잎보다 꽃을 먼저 피우게 하는
잎의 깊은 배려심 덕분에
저렇게 예쁜 꽃을 피우고 있나봅니다

봄의 전령사
최고의 전통을 자랑하는 벚꽃
그래서
더 예쁨을 가까이에서
더 아름다움도 가까이에서 담고 싶었습니다

항상 잎보다 꽃이 먼저이기를
바라는 벚꽃 너의 배려심을 존중합니다

목련꽃 사연

산동네 사는 친구가 강가에 활짝 핀 목련꽃을 보고
우리 집 목련꽃은 게을러서인지
이제야 한 송이 피어 있다면서
강가로 옮겨 가버리라 하네요

친구는 지금 산 따라 물 따라 피고 지는 꽃의 운명을
아시나요 모르시나요
일찍 꽃피우는 강가에서
늦게 꽃피우는 산동네에서
지켜보고 있는 사람들의 생각이 다르듯이
늦으면 늦은 대로 빠르면 빠른 대로
자연 그대로의 성격을 배우며 갈등을 잘 봉합해서
강가에서 산동네로
산동네에서 강가로 오고 가며
해마다 멋지고 아름다운 목련꽃이 활짝 핀 걸
볼 수 있는 그날이 왔으면 좋겠구나 싶어요

산 따라 물 따라 목련꽃 사연은
이렇게 흘러가고 있는데

누구를 원망할까요

산 따라 물 따라 목련꽃은 피고 지는 것을…

벚꽃

소문난 잔치에 먹을 게 없다더니
소문난 벚꽃 소식에 허망함만 더하네

일 년을 기다렸던 벚꽃 소식에
보고픈 마음 가슴에 안고 달려가 보면 지고 없네
오 일을 못 버티고 지고 마는 너는 어쩌면
영락없이 강 건너 섬나라 사쿠라로 보인다
벚꽃이 필랑말랑 할 때 봄바람 난 처녀들도
터질 것만 같은 가슴 벅찬 남자들의 바람기도
한순간에 피고 지는 벚꽃 따라 가버리네

바쁘게 왔다가 바쁘게 가버리는 너를 보면서
사기를 치는 듯했지만
그래도
잎으로 가득 채워주는 벚꽃나무 사랑에
그저 알찬 열매가 주렁주렁 열었으면 좋겠다는 생각을…
진심으로 빌어본다

겉물 든 여름

겉물 든 단풍잎 하나가
철없이 놀고 있다
색깔도 제대로 못 내면서
겉물 들어 까불지 마라
비실비실 힘들어 보인다
그러다가 속 골병들면 큰일난다

실력도 없이 한때 겉 물들어 고생했던
나의 행동을 닮은듯하여 마음 아프다
겉물 들지 마라
알찬 가을 단풍 앞에서 괜히 건방져 보인다

그래 가지고는 안 된단다
조금 늦더라도 알찬 가을 단풍을 만나보자
그러면 답이 나올 것이다
겉물 든 여름아, 이제 알겠지

가을바람

살랑대는 바람이 가을을 전하려
나의 치맛자락 날리며 뒤따라온다
황급히 열차에 오른 나는
가을바람 따라 익어가고 있다
저 산 너머 산골에도 저 강 건너 마을에도
살랑대는 가을바람이 인사받느라 바쁘겠다
열차도 익어가고 기차도 익어가는
열차 안에서 바라보는 바깥 풍경은 정말 아름답다
벼 밤 대추가 익어가고 저녁연기가 익어가는
내 고향으로 빨리 가고 싶다

* 서울역에서 밀양행 기차 안에서

그날의 비

거기는 오늘 천둥 번개가 치고
그렇게 비가 온다는데
여기는 그날의 비를 닮은 듯
사랑의 비가 오고 있어요

그날의 흔적을
오늘의 그 비가 다 지운다 해도
그날의 비는 내 가슴에 영원히 남아
소리 없이 내리고 있네요

비에 젖은 낙동강

낙동강의 구슬픈 사연을 아는 듯
비도 참 구슬프게도 내린다

수많은 물고기의 눈물에
나의 눈물까지 보이니

낙동강 물이 넘치려고 한다
저 낙동강 물이 넘치기 전에

나의 눈물을
빨리 감춰야겠다

코스모스 순정

올가을에도
그대의 활짝 핀 모습을 그곳에서 보았네요
어울림으로 더 어여쁜 코스모스의
순정을 담은 빛이 어쩜 저리도 고울까요

흐르는 저 강물은 꽃향기 어린 물결로 출렁이고
흘러가는 저 구름은 꽃 물들어 맑으네요
너를 닮고 싶은 내 마음을
코스모스 순정으로 가득 채워 놓고
오늘 저녁 밤하늘에
코스모스 별로 수놓고 싶어요

하얀 이슬

구월에 내린 하얀 이슬
내 머리를 물들이고
초가을에 내린 비
내 마음을 촉촉이 적시며
두근두근 가을을 해부해 본다

하얀 빛깔 더 하얗게
노란 빛깔 더 노랗게
빨강 빛깔 더 빨갛게
하얀 이슬 내린 들판에
청아한 가을 을심어본다

해 질 무렵 갈대밭

해 질 무렵 갈대밭에 땅거미는 내리는데
자전거 타는 여인은 무서움을 잊은 채
외로움을 독차지하고 즐거워하고 있네요
해 질 무렵 넓고 긴 낙동강 갈대밭에는 아무도 없지만
햇빛 물들어 벌겋게 보이는 저 하늘은
멋진 노을을 만들어 놓고 보라 하고
강바람에 목욕한 갈대가
한들한들 춤추며 같이 놀다 가라하네요
외로움은 즐거움으로
즐거움은 힐링으로 만들어가는
혼자만의 낭만을 있는 대로
느낄 수 있는 해 질 무렵
갈대밭을 아시나요

* 밀양 수산 낙동강변에서

길 위의 붉은 입술

길 위에 누워서
미소 짓고 있는 빨간 단풍잎 하나
세상 어느 여인의 입술보다
훨씬 더 아름다워요

아물아물한 거리에서
술 취해 집을 못 찾아가는
꾸물꾸물대는 남자가
입술을 탐할까 봐 두렵네요

인연

가로등 아래 그리움 하나 가지고
달빛 따라가면 보고 싶은 인연 만날 수 있을까

행여나 하고 걸어가는 길에
혹시나 하고 바라보는 설레임은 낯설다

달빛 내려앉은 벤치에 앉아보지만
보고 싶은 인연은 어디에도 안 보인다

별빛 내려앉은 벤치에 앉아서
밤새도록 한번 기다려 볼까

그 어디에서 애타는 가슴 안고
달려올지 모르니까

꽃 중의 꽃

꽃밭에서
오색찬란한 옷을 입고 서 있는 나를 보고
꽃들이 여기저기서 손짓하며
함께 이쁘게 보자 하네
내가 꽃을 닮았는지
꽃이 나를 닮았는지
헷갈리는 마음이지만
어쨌든 기분이 좋다
어디선가 벌과 나비도 날아들어
내 머리 위에서 놀고 있으니
나는 꽃 중의 꽃이려나

땅 다 꺼지겠네

말없이 떨어지는 파란 낙엽 하나
한숨 소리에 땅이 다 꺼지겠네
가을 따라가려다 너무 힘들었나
세월 따라가려다 너무 힘들었나
그 마음 속속들이 말 못하고
말없이 떨어지는 파란 낙엽 하나
한숨 소리에 땅이 다 꺼지겠네

* 서울 상암동 매봉산을 다녀와서

가을 사랑

가을아, 너는 마지막 장식을 참 잘하는구나
색깔 고운 최고의 아름다움을 가지고 있어 감동먹었다
오늘 나 여기와 너를 만난 것은 큰 행운이었다

중절모에 단풍 하나 꽂고 너무 좋아하는 노신사
단풍 하나 손에 들고 너무 좋아하는 김 박사
모두모두 감동 먹었단다

너를 만나 기분 좋은 하루를 보낸다는 것은 큰 행복이지
내년 가을에 예쁜 모습으로 또 만났으면 좋겠다
받은 만큼 주고 싶은 나의 마음은 가을사랑이라네

낙동강변 詩人의 집

어서 오세요
사계절 노을빛으로 물들어 있는 둑길로
벚꽃나무가 연인들을 유혹하는 둑길로

어서 오세요
구절초 백일홍 메밀꽃 해바라기
이름 모를 꽃들이 만발한 둑길로

어서 오세요
밤이면 저 강 건너 반짝반짝 빛나는 야경이
연인들의 마음을 설레게 하는 둑길로

모두 다 와 보세요
아름다운 둑길로
모두 여러분들의 것입니다

5초의 행복

엄마의 품속 같은 5초의 행복에
마음이 싸르르 녹는다
겨울 목욕탕 로비에 겨울바람 선풍기와 나
여름 바람 드라이 아가씨
동시에 돌아가는 바람에
각자의 머리카락을 날리고 있을 때
따스한 드라이 바람으로
머리카락 말리고 있던 아가씨가
5초를 남겨 드립니다 쓰세요, 라고 말한다
그 향기로운 바람에 얼마나 감동을 먹었는지
고마운 인사를 몇 번이나 히히
그 따스한 5초의 정 안에는
인품이 가득
사랑도 가득
배려도 가득했습니다
그대 향기에 세상이 아름답기에
겨울바람을 녹이는 여름바람
그 5초의 바람에게 여름의 시원한
겨울바람을 선물하고 싶다

행복 호르몬

이 산 저 산
저 산 이 산 바람 타고
행복 호르몬을 물들인다
야…호! 야… 호!
오늘은 침엽수 활엽수의 어울림이 좋은
백련산에서 행복 호르몬을 물들이며
건강한 시간을 계속 이어가고 있다
깊어 가는 가을의 심오함을 들이마시며
풍광을 가슴으로 안고 내려간다
언제 찾아와도 부드럽게
품어 주는 고마운 산
하염없이 기다려 주는 백련산이
곁에 있어 좋다
야… 호! 야… 호!

몽유도원도

붉은 달 아래 가을 단풍 붉게 물들었네
달빛 좋은 밤 평상에 앉아
막걸리 한 잔에 가을을 타서 마시니
저기 앞산에 걸려 있던
별 셋도 산 아래로 내려와
막걸리잔에 목을 적시는
정말 황홀한 이 밤
게슴츠레한 눈매가
반짝반짝 별빛 따라
움직이다 붉은 달빛 덮고
평상에서 잠들겠네

2부

뒤척이던 밤

옛날로 돌아가고파

집 앞 골목길에 언제부터인가
대가족이 옹기종기 모여 살고 있는 풍경이
내 마음을 사로잡고 있네요

누구 하나 이탈 없이 바른 생활을 하는 모습을 보고
사실은 참 부러웠답니다
오가는 길목에 그대들이 있어
외롭지 않아 참 좋고 행복합니다

대가족이 소가족으로
소가족이 독신주의로 변해버린 세상에
대가족의 빈자리에 아마도 코로나19가
함께 살기를 원하고 있는 것 같아서
마음 아픕니다

거기에다 코로나19가
사회적거리두기를 원하고 있는 요즘
그대들의 삶이 부러울 수밖에 없네요

먼 훗날에 지구에 사람들을 못살게 만들려고
자꾸만 괴롭히고 있는 것 같아서 마음이 무거워요
그대들이 좀 도와주면 안 될까요

그래도 그때 그 시절
대가족으로 살 때가 너무 좋았던 것 같습니다
옛날로 돌아가고파요

* 서울 은평구 응암3동 집 앞 골목길 풍경을 보고 나서

어제 하루는 이렇게

모처럼 모처럼이라는 게 2년이 넘었지요
초동초등학교 35회 동기들을 만나
애초에 호명산 탐방을 약속했는데
축령산으로 장소를 바꿔
소풍 가는 길에는 즐거움이 가득했지요

도중에 들렀던 정희창 의원님의 전용 카페에는
호수 주변 풍경을 담아 마실 수 있는
최고의 순간순간이라
'야호'가 아닌 '우와 우와'하는 소리는
어느새 호수에 퍼져
은빛 금빛 별빛과 친구되어 놀고 있었답니다

잠시 머물렀던 인연을 뒤로한 채 축령산으로 오르다
산 중턱에다 도시락을 풀어놓고
동심도 불어놓고 살아온 세월도 풀어 놓았지요

희옥이가 정성껏 만들어온 반찬에다

희복이의 찰밥 복분자 정희의 쑥버무리 과일 기타 등

명규의 봉사 정신 동기 사랑
희근이의 밀양박씨 양반 뒷짐 사랑
여기에다 콧물 사랑도 조금 보태고
박사가 뜬다
열정적인 영원이의 동기 사랑 희창이의 선비 사랑

동기들과 함께 함이 허물이 없는 순간순간이 힐링이라
이보다 더 좋은 보약이 어디 있느뇨
갑자기 장난기가 발동하여 장난을 쳐도
아무 탈이 없는 우리는 동창생들이라 참 좋습니다

남은 세월 두루두루 알차게 함께 잘 살아봄세요
함께 해줘서 고맙습니데이
지금 이 순간이 행복입니다
사랑합니데이

* 동기들과 함께 축령산을 다녀와서

봉산 가는 길

사부작사부작 걷는 산길에
부슬부슬 비가 내린다

촉촉이 젖어드는 흙냄새
풀냄새가 나를 황홀하게 만들지만

인적없는 산길이 좀 그렇기는 하다
새소리 빗소리 바람소리가

참 고맙기는 하지만
다음에 또 만나기로 약속해놓고

그래도 사람 소리가 좋은 나는
사부작사부작 걸어서 하산해야겠다

* 은평구 봉산 가는 길

내 마음을 기부해

기차가 오고 가는 밀양역에서
멋쟁이 젊은 여인이 생전 처음 보는 나에게
핸드백 쇼핑 가방을 맡기며 좀 봐주이소, 하고
빈손으로 살랑살랑 화장실을 가버린다
말 한마디 못하고 나는
얼떨결에 지키고 있어야만 했다
돌아올 때 여인은 미소와 함께
믿음을 나에게 한아름 안겨 주었다

세상을 믿고 사람을 믿는
그런 세상이 빨리 왔으면 좋겠네요
그때 그 시절처럼 맑은 세상이면 얼마나 좋겠냐마는
요즘 세상은 그렇지 않으니
핸드백 쇼핑백이 화장실을 가고 싶지 않다고 해도
앞으로는 가지고 가시길 바라는
내 마음을 기부해 봅니다

* 밀양역 대기실에서 '믿음'이라는 선물을 받고 나서

뒤척이던 밤

사랑과 이별을 품고 태어난
사람들은 어쩔 수가 없나 보다
나는 어제저녁 잠과의 이별을 했다

엊그저께 동네에서 뵈옵던 어르신이 안 보여서
안부를 물어본 탓일까
뒤척뒤척 새벽 4까지 잠 못 이루었다
요양병원에 가셨다고 하면서
우리 집 양반이
빨리 안 가서 걱정이라고 한다
며칠이나 되었다고
빨리 이별을 하고 싶은 모양이다
동네일이 내일만 같아 이 생각 저 생각이
생각을 더 깊게 만들었다

사람은 갈 때는 한순간이구나 하는 생각에
마음이 너무 아팠다
참혹한 인생길을 보여 주는 현실 앞에서

하얀 눈물로 까만 밤을 달래보느라

어젯밤은

그렇게도 뒤척뒤척했나 보다

6월 어느 날

파란 하늘에 그대 가슴의 불꽃
목숨이 피어 노을빛에 젖고 있었다

왜! 6월의 파란 하늘이
저렇게 붉게 타고 있는지를 잘 모르고
와, 아름답다
와, 예쁘다 하는 사람들의 환호성 속에
나도 함께하고 있었다
깊이 생각해 보니
6월 19일부터 21일 사이 붉은 피 붉은 피가
파란 하늘을 물들이고 있었다
그것은 잊지 못할 6.25의 몸부림이었음을
뒤늦게 알고 부끄러운 마음 감출 길 없었다
산천초목도 6월은 보훈의 달임을 잊지 않고 있었네

* 수산 낙동강변 붉게 물든 노을사진을 촬영하고 참 신비롭다고 생각하다가 더 깊은 생각에 빠지다 보니 6.25를 생각하게 되었답니다 잊지 못할 보훈의 달 6월이네요

오늘의 행복

내 나이가 벌써
그 나이가 되었나 보다
너도 내 나이 돼 봐라
온 천지가 쑤시고
아플 거다 하시던
그때 그 어르신의
말씀이 생각난다

나도 지금 온 천지가
쑤시고 아픈 것 같다
엉거주춤한 표정은
영락없는 상노인이다
열심히 운동해야지

현재 초여름 석남사 계곡은
물 소나무 바위로 인해
음이온이 가득하다
건강 몇 점 더해보는
오늘이 행복하다

밀양 낙동강변에서

거기도 오늘 바람 많이 불어요
네 여기도 오늘 바람 많이 붑니다

날씨가 추워요
날씨가 조금 이상해요

이 바람 때문에 나쁜 먼지는
오래 머물지 못하고 다 날아가 버렸겠어요

나도 오늘 풍욕을 잘해서
오늘 저녁에 잠이 잘 올 것만 같습니다

그것 참 괜찮네요

모처럼 찻집에 가서
여유로운 척
폼 잡고 시진 찍어 놓으니
마치 굉장히 한가한 사람처럼 보인다

남이 뭐라고 하든지
그것참 괜찮네요
사실은 굉장히 바쁜 사람인데

찻잔 들고 여유로운 척하니
오월의 장미가
저렇게 웃고 있잖아요

오월의 장미님
차 한 잔 하실래요

* 밀양 수산에서

말 없는 그 정

자고 나면
대문에 대롱대롱 매달아 놓고 가는
말 없는 시골 풍경
그 풍경은 바람에 날려 가지도 않고
나를 지키고 있네요
말 없는 그 정 때문에
그리움만 더하는
오늘입니다

* 밀양시 낙동강변 화선지에 그린 집에서 6월의 하늘

사랑 비

어제는 비가 겉옷을 적실 만큼 오더니
오늘은 속옷까지 적셔주며 마음까지 달래주네

속속들이 적셔주는
그 마음에 사랑이 꽃피고 행복이 넘친다

마냥 좋아서 불러 보고픈
그대 이름은 사랑비

오늘 내리는 이 사랑비가
내 마음을 달래주는구나

위로

비 내리는 산자락에
혼자 앉아 있는 저 여인 앞에
지나가던 한 여인도 함께 하고 있네요

구름 우산 쓰고
바람도 내려앉은 산자락에
비도 함께 서 있네요

무슨 사연으로 연분홍빛
저고리가 다 젖도록
저토록 애태우고 있을 까요

정말 안타깝네요
어서 일어나 봐요
이런저런 사연 없는 사람 없으니

조용한 찻집에서
무거운 짐 내려놓고
우리 함께 마음을 달래 봐요

심정

추적추적 내리는 비 따라
강변에 핀 벚꽃도
추적추적 떨어지고 있다
그 마음 달래보려
내 마음을 길 위에 깔아 버렸다

4월의 봄

낙동강 강바람에 머리카락 날리기엔
아직 차가운 4월이기에
이 소식을 꽃잎 편지에 담아
5월의 여왕에게
흐르는 저 강물에 띄워 보내련다

* 김해 시산, 자전거 타고 김해 가락국을 탐방하고 오다가

술 한 잔

좋은 친구를 만나 기분 좋아 마시는
술에는 건강함이 가득하여 기분 만땅이다
게슴츠레한 눈웃음으로
우정을 꽃피우고
아리까리한 눈빛에는
바람이 구름을 안고 맴돌다
별을 보고 있는듯 하네요
嚴冬雪寒에 봄꽃을 다 본듯
이렇게도 기분이 좋은데
어찌 술을 마시지 않으리오

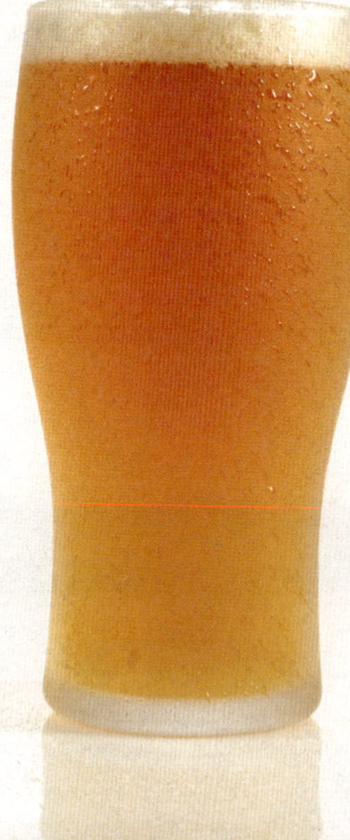

그래가지고 우째 사노

그래가지고 우째 사노
그래가지고 왜 못 살겠노
그런 말 하지 마라
이래가지고도 잘살고 있는데
어디를 가나 사람 사는
모습들은 비슷비슷한 것을
그래가지고는 그런대로 쿵쿵짝
이래가지고는 이런대로 쿵쿵짝이다
이 한세월 달래가며 그래가지고
우리 한번 잘살아 보자구요

홀로코스트

저렇게 혼자 있어도
좋아 보이는 이유는
지금 이 순간
나 역시 혼자라서 일까
정감이 더 가네요
저렇게 멋진 친구를
그 언젠가
멀리서만 바라본 적이 있었는데
오늘은 가까이 가서
한번 말을 걸어 봐야겠어요
이럴 때도 있어야겠지요
내가 오늘은 좀 외로운가 봐요

* 아리랑 오토캠핑장에서

청개구리 한 마리

밀양에서 조카 결혼식이 끝난 후
청개구리 한 마리가 제 차 트렁크에 타고
서울로 상경했습니다
서울 친구가 보고 싶어서 왔다고 하네요
엄마가 가출한 청개구리를 찾을 텐데 어쩌지요
친구 찾아 한강으로 가는 모습을 봤는데
친구를 잘 만나고
밀양으로 돌아갔는지 소식이 없네요
밀양행 기차표를 끊어주려고 했는데…

* 밀양 조카 결혼식 끝나고, 밀양수산 국농수들판

오복이가 오는 소리

아 딱딱딱 앙!
아 딱딱딱 앙!
삼박자 속에
이 사랑을 붙잡고
삼박자 속에
이 사랑을 심는다
미소를 지으며
오복이가 오는 소리
들리네요
아 딱딱딱 앙!
아 딱딱딱 앙!

* 치과를 다녀와서

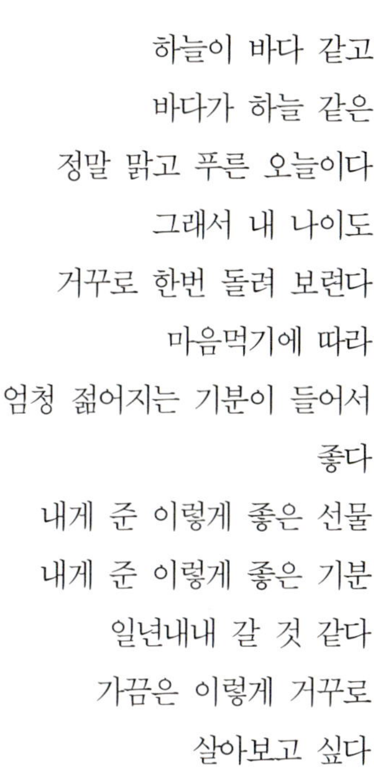

회춘

하늘이 바다 같고
바다가 하늘 같은
정말 맑고 푸른 오늘이다
그래서 내 나이도
거꾸로 한번 돌려 보련다
마음먹기에 따라
엄청 젊어지는 기분이 들어서
좋다
내게 준 이렇게 좋은 선물
내게 준 이렇게 좋은 기분
일년내내 갈 것 같다
가끔은 이렇게 거꾸로
살아보고 싶다

공감

가을 이야기로 물든
숲속 길로 사뿐히 사뿐히 걸어갑니다
바스락바스락 소리길 따라가는데
불타고 있는 지붕 아래서 웃음소리가 들리네요
아무래도 이 가을이 미쳤나 봐요
파란 얼굴에 빨간 입술은 또 뭐예요
하하 아무래도 이 가을이 미쳤나 봐요

* 서대문구 안산을 다녀와서, 안산의 가을 풍경

양귀비가 되다

흰 구름 뭉게뭉게 떠 있는 하늘 아래
산도 들도 강도 집도
참 평화로워 보인다
여름 매미는 파랗게 울어대고
바람은 풀 죽은 듯이 잠자고
잠자리 떼 날고 있는 하늘 위로
비행기가 우르렁더르릉 소리 내며
하늘에서 망을 본다
내 머리 위에서 맴돌다
지나간 비행기는
내가 양귀비꽃이 아닌 줄 알고
몰카도 찍지 않고
그냥 지나가 버렸다
착각하고
가까이 왔음이 신기하다
내가 그 정도로 양귀비꽃과
비슷하게 닮았나 히 히 히
착각 속에서 오늘도
양귀비꽃을 피우고 있는 나는 행복하다

흰남노가 온다고 해서

흰남노가 온다고 해서
비닐 옷을 다 벗겨놓고 기다렸는데
쳐다도 안 보고
옆집 비닐 옷을 벗기네요
밤새도록 무슨 짓을 했는지 모르겠다고
옆집 아줌마는 말을 합니다
내가 괜히 비닐 옷을 미리 벗겨놓아
아까워 미치겠어요

이제는
한 번 속지 두 번은 안 속는다
흰남노야 안녕

* 흰남노 사나운 태풍이 온다고 해서 농부들이 하우스가 날아가고 찢어질까 봐 미리 비닐 옷을 벗겨놓고 나서

3부

밀양역 동백꽃

야! 봄이다 봄이야

버스 정류장 건너
집 몇 채가 보이는 풍경 뒤에는
소곤거리는 봄의 전령사가 있었다

솜털 속에서 뾰샤시 내민 싱그러운 얼굴들
여기저기서 들리는 봄의 소리
야! 봄이다 봄이야

둑방 너머에서 오는 아낙네들 손에
쑥이랑 냉이들이 가득하다
쑥이랑 냉잇국에 취한 나는
오늘 중으로 집에는 갈 수 있을는지
간 김에 몇 분이면
이렇게 좋은 것을
봄 향기 가득 안고
어둡기 전에 빨리 버스를 타야지

* 고양시 대자동에서 집으로 오는 버스를 기다리다가

밀양역 동백꽃

열꽃 부럽지 않은 동백꽃 한 나무가
밀양역에 살고 있다
하도 예뻐서 곁에 가서 보니
더 예쁘다

빙글빙글 돌고
또 돌다가 너에게 물들어버린 나는
떨어진 꽃잎에 속삭이기 시작했다
떨어진 꽃잎도 참 예쁘다고

잔디밭에서도
예쁨을 잃지 않은
너가 정말 부럽다

이러다 기차 시간 놓치겠다
나 이젠 가봐야겠다 다음에 만나자
안녕

한강 가는 길

4월의 봄
한강 가는 길에는 참 이쁨도 많다
벚꽃나무도 수양버들도
강 건너 저 다리도 너무 이쁜데
이쁘다 이쁘다 하면서
갑자기 이름이 생각나지 않아 부끄럽고
해가 한강 물에 빠진 그 모습이
넘 이쁜데 혼자 봐서 아까웠다

갈까 말까 할 때는 가는 게 좋다더니
나오기를 참 잘했다고 생각하는
오늘은 최고의 날이었다
물에 빠진 해를 카메라에 담아 올렸으니
최고의 날이라고 두고두고 말하고 싶다

화무십일홍

아, 산을 오르려니
왜 이렇게도 숨이 차노
천주산 산봉우리에
진달래 군락지가 저기 보이는데
내가 아직 청춘인 줄 알았더니
그것이 아니로다

진달래야! 진달래야!
천주산 진달래야
조금만 기다려라
내가 너를 품에 안을 때까지
내가 너를 품에 안을 때까지

세월에 장사 없다더니
세월에 장사 없다더니
세월에도 장사 있으면 하는 마음이 꿀떡 같다
세월아 세월아
내 나이 벌써 60대 중반이라
몸이 말을 안 들어도

용지봉 샘물이 목을 적셔 주고
진달래 군락지가 나를 끌어당겨 주니
조금은 수월하게 올라갈 수가 있겠구나

화무십일홍이라
천천히 가도 목적지까지
가서 너를 품에 안고 나도
너처럼 웃음꽃 활짝 피워 보련다

* 창원 천주산을 다녀와서

쑥버무리

내 친구가 쑥버무리 만들어 놓고 부른다 했는데
여태껏 소식이 없다
그 순간 갑자기 옛날 어머니가 해주신 쑥버무리
생각에 그리움이 사무쳤다
쑥버무리 하면 어머니
쑥버무리 하면 고향 생각

쑥버무리! 쑥버무리! 하다
향수에 젖어본다
내 손으로 해 먹어도 되지만
친구의 소박한 정을 듬뿍 넣어 만든
쑥버무리가 먹고 싶었던 건데
여태껏 소식이 없다

혹시 쑥을 봄바람에 다 날려버렸나
혹시 혼자서 다 먹고 치워 버렸나
이럴 게 아니라 내 정을 먼저 줘야겠다
먼저 나의 정을 듬뿍 넣은 쑥버무리 만들어 놓고
내 친구를 불러봐야겠다
친구야 우리 쑥버무리 먹으면서 향수에 한번 젖어보자

보리싹

저 좋은 보리밭에서
어떻게 오줌을 눌 생각을 하는지 모르겠다
들어가자니 뱀 나올까 무섭고
찔릴까 봐 겁이 난다
이런저런 생각을 하다가
급해서 그냥 누면 큰일인데
햇빛 좋은 봄바람에
그냥 선체로 말리는 것도
괜찮겠다고 생각해본다

* 구배기 마을에서

장다리무꽃

저기 저 꽃이 무슨 꽃이지 하고
빈집에 올라가 보니
보기 드문 꽃이 피어 있었다

친구가 장다리무꽃이라 했다
장다리무꽃 장다리무꽃 부르다가
순박한 그 모습이 나를 닮은 듯하여
반가움에 안아주었는데
친구가 엉뚱하게 울고 말았다
옛날 생각나서 울었다고 한다

사람은 떠나고 없는 빈집에
장다리무꽃은 아름답게
꽃을 피워 사람들을 반기고 있다
잠시나마 즐겁게 해줘서
고맙다 장다리무꽃아

* 밀양시 초동면 삼손리에서

그리움의 열병

꽃이 피고 지는 봄인데
마치 단풍이 물들고 떨어지는 가을처럼
왠지 쓸쓸한 봄이다
나만 느끼는
가을 창가의 외로운 커피 한 잔인가
산 넘어가는
저 예쁜 구름을 따라가 보면
산 넘어가는
저 솔솔바람을 따라가 보면
낙엽 지는 가을에 이별한
죽도록 보고 싶은 그 사람을
만나볼 수가 있을까

어머 저렇게 바람이 많이 분다

저 바람 소리 좀 들어 봐라
4月은 잔인한 달이라더니

어여쁜 꽃잎들을
다 떨어뜨리고 가는 걸 바라보고 있노라니
왠지 춥고 서글픈 하루다

봄을 느끼기 전에 여름이 올지
모르겠지만

5月의 봄을 한번 기대해 보련다

* 경기도 고양시 대자동에서

찔레꽃 정원에서

맑고 청순한 찔레꽃 정원에
멈춰선 내 그림자는
가로등 불빛에 하얗다

찔레꽃 너를 무척이나 좋아했던 내 친구가 있지만
지금 이 순간 내가 너를 더 좋아한다고
고백하고 싶구나

분위기 만땅인 가로등 불빛 아래서
좋아한다고 고백하는
내가 더 좋지 않냐

이리 보고 저리 보다
내밀어 보는 온화한 내 얼굴이
아무래도 너를 닮은 듯 하구나

고독을 헤치고 피어난
맑고 청순한 찔레꽃 정원에서
신중한 사랑을 한번 속삭여 보자구나

10月아!

나 혼자만의 슬픔을
또 하나의 낭만으로 바꿔
그것도 가을을 통째로 품고
호수에 앉아 쓸쓸한
10月을 맞이하고 있다
채워도 채워지지 않는 그리움을
가을에 덧칠해 놓고
그리워하고 있다
10月아!
미치도록 보고 싶어서
내가 많이 울고 있는데
내 곁에서 오랫동안 머물다가면
안 되겠니 10月아!

참 고맙지요

낙동강변 오막살이 집에도
꽃이 피어나고 있네요

작년에 여기 왔는데
그런대로 살기가

괜찮은
모양입니다

꽃 피어줘서
참 고맙지요

* 낙동강변에서

태양초를 말리며

태양을 바라보며
온열 속에서 몸을 말리며
웃고 있는 태양초 고추
바람 불어도 꺼지지 않는 것은
태양초의 힘이라네요
정열의 불꽃 주파수에
고운 님 치맛자락이 아린다
비비고 쓰다듬는
그 깊은 사랑에 눈 못 뜨고
태양초 붙들고 울고 웃는다
한여름 태양초의
매운맛 뜨거운 사랑을
나도 한번 해 봤으면 좋겠다

노을

노을을 좋아했던 나는
노을빛에 젖어들기도 했다가
노을빛에 물들기도 했는데
예쁘다고만 생각하고 노을을 바라보다
결국은 노을빛에 그을리고 말았네

내 친구는

내 친구는 내 얼굴을
1시간만 보고 가겠다고 해 놓고
시국이 어수선한 틈을 타서
다섯 시간이나 보고 갔네요

그동안 이래저래 바쁘다는 핑계로
못 보고 있다가 오늘 실컷 봤습니다
그래도 내가 안전지대라 생각하고
찾아준 친구가 참으로 고맙지요

다행입니다

눈도 오고 비도 오고
바람도 찬 연말에
얼어붙은 길을 따뜻한 마음으로
함께 할 수 있는 친구가 있어 다행입니다

따뜻한 전화 한 통에
싸르르 마음을 녹아내리게 해주는 친구가 있고
따뜻한 문자 한 통에
기운이 펄펄 나게 해주는
친구가 있어 다행입니다

눈도 오고 비도 오고
세찬 바람이 불어도
우정과 사랑으로 주고받을 수 있는
친구가 있다는 게
큰 행복합니다

백신 접종

친구야 백신 맞았나
아직 안 맞았다
한 방에 맞을 수 있는 백신
내가 오면 맞으려고
안 맞고 있다는 그 대답에
친구가 대단하게 보였습니다
또 다른 친구는 아스트라제네카 약이 싫어서
안 맞고 있다고 합니다
참 똑똑한 친구들이 많이 있지요
어쨌든 민정희는 1차 2차를
제일 안 좋다는 아스트라제네카 백신
접종으로 끝냈습니다

왔다 갔다 하다가

왔다 갔다 하다가
세월만 축내고
나이만 많이 먹어버렸네
생각해 보면
아쉬움도 남지만
그래도 또
왔다 갔다 할 세월이
아직 많이 남아 있으니
제발 발병만 나지 말아다오

황홀한 밤거리

이 밤거리가 너무 아름다워
벚꽃이 핀 줄 알았고
이 밤거리가 너무 아름다워
장미꽃이 핀 줄 알았네요
그대들은 지금 올 일 없건마는
그대를 본 듯한 이 밤의 거리는
너무 아름다워요

비와의 속삭임

촉촉이 내리는 비와의 만남을 위해
문 열고 나와 앉은 곳은
마당에 있는 조그마한 화분 앞이다

달달한 도넛에 커피 한 잔 하자며
자리 하나를 내어 주며
비와 마주 앉은 나는 낭만 그 자체다

비와 낭만이 젖어드는
조그만 화분 앞에서
비와의 속삭임이 나는 행복하다

연정

그대가 부러워요
오월의 장미꽃
그늘 아래 자리 잡고 있는 그대가

* 서울 은평구 응암동, 우리 동네 입구에서

거리에 꽃들

거리에 꽃들이
꽃향기를 날려봐도

기웃기웃하는
사람들의 모습은

향기를 맡지 못하는
사람들만 가득하네요

* 코로나19 마스크를 쓴 거리에서

친정집에 들렀는데

부모님 제사인줄 모르고 친정집에 들렀는데
올케가 떡 이야기를 하기에
무슨 일로 떡을 하는냐 했더니
오늘이 부모님 제사라고 해 깜짝 놀랐습니다
부모님 제사만큼은 장남 내외가
지극 정성입니다 본받을 만합니다
그러니 출가외인 필요 없다는 소리가 나오는 것 같습니다
앞으로는 항상 부모님 제사를 잊지 않겠습니다.

4부

살포시

내가 나이를 먹기는 먹은 모양이다

허리가 아프더니
어느 날 갑자기 윗니 하나가 뚝 떨어지는 바람에
치과에 여러 차례 드나들고 있지만
그래도 다행으로 다닐 곳은 다 다니고 있다
염증 때문에 얼굴이 많이 부어 있어도
마스크에 살짝 감추고 있으니까
아무도 모르더라

촬영 사진을 앞에 걸어 놓은
나의 모습을 보니 어떻게나 못생겼는지
거꾸로 간호사한테
내 이가 참 이쁘게 생겼지요
농담할 줄 아는 지금 이 순간을 사랑한다

또 임플란트를 몇 개 할 수 있음에
감사드려야 되겠고
머리가 빠질 정도로 힘들어도
이런 일들도 하루 일과라 생각하고
최선을 다해서 노력하면은 밝은 내일을 맞이할 게다

아픔도 즐기면서 살아야 시간이 아깝지 않을 것 같다
그래서 아픔 속에서 친구도 만나고
가 보고 싶은데도 가 보고
거리의 풍경도 열심히 즐기고 있다

아프면서 살아가는 세상만사
오늘도 둥글둥글 살아가 보입시데이
지금 이 순간이 행복입니다

시골의 아침

옛날 그때는 새들이 새벽잠을 깨우더니
요즘은 트럭이 새벽잠을 깨운다

조금 느린 아침
조금 빠른 아침에
억겁 세월의 물레질을 하고 있다

빛나는 노동의 대가로
세상은 또다시 눈뜰 때
세상을 꽃 피우며
물레는 잘 돌아가고 있다
그것이 생명이고 사랑인 것을

하루를 시작하는 시골 아침은
그렇게 그렇게 활기 차다

고향 이방인

고향에 다시 들어가면
다들 힘들다고 하네요

쯧쯧쯧
아는 사람은 안다고 떠들고

모르는 사람은 모르니까 떠들고
텃세 부린다고 또 떠들고

그 참 정말 힘들겠네
나는 그러지 말아야지

앞산을 다녀와서

동네 앞산을 오르면서
친구야 이 산 이름이 뭐야
응 앞산이야
저쪽에 뒷산도 있어
하는 바람에 한바탕 웃고

앞산도 있고 뒷산도 있어
행복해하는 친구 때문에
덩달아 나도 행복했습니다

마른 낙엽 사이로 숨어서 피어 있는
세신의 얼굴도 보고
취나물 오가피 산초나무 등
여러 가지 야생 식물들을 만나
대화 나누며 가는 산길에서
또 다른 약초들을 만났을 뿐인데
신기하게도 아픈 허리가 뚝 나았습니다
숲속을 해치며 없는 길을 만들어서 가는
오지의 숲속이었지요

산 정상에 초소가 있는 줄도
모르고 오르다가
후다닥 하는 소리에 산돼지 등장인 줄 알았는데
초소에 근무자가 후다닥 뛰어 내려오는 바람에
더더욱 놀랬다
친구의 앞산이 참 볼거리 많아
감동 받을 줄 나는 몰랐네요
다음에는 뒷산에도 한번 가볼 생각입니다

* 소구령 앞산을 다녀와서

수산 대평동 동네 사람들

오늘은 날씨가 좀 따뜻해서인지
시골 냄새 풀풀 나는 대평동 마을 회관 앞에
한 사람 두 사람씩 모이기 시작했다
대평동 동네가 약 300가구
인구가 모여 살다 보니까
동네 사람끼리 결혼을 많이 한 모양이다
그래서 지금의 7~80대 어르신들의 이야기로
웃음꽃을 피우고 있었다

한동네 사람끼리 결혼을 많이 해서
택호가 참 재미 있다
본동네 사람끼리 결혼했다고 본동댁
지동네 사람끼리 결혼했다고 지동댁
한동네 사람끼리 결혼했다고 한동댁
본동네 사람이 산에서 만나 결혼했다고 본산댁
굉장히 많이 있는 모양인데 오늘은 여기까지 듣고
오다가다 대평동 사람들의
재미 나는 택호 이야기들을 모아 보아야겠다
오늘도 이야기꽃을 피우고 있는 수산 대평동
사람들의 재미나는 이야기들을 응원해본다

동전 한 잎 더하기

땡그랑
동전 한 잎 두 잎이
현재 은행에서도 시장에서도
여기저기에서 천대를 받고 있다
어쩜쩌면 좋을까요
동전 저금통을 정리해서
백 원짜리 따로 오백 원짜리 따로
5천 원씩 묶어 셈해 놓고 걱정이 많다
어느 날부터 동네 집 앞 가게에
물건을 사러 갈 때마다 들고 가기 시작했다

돈을 들고 물건을 사러 가는데
왜 이렇게 계속 미안한지 괜히 눈치가 보인다
'사장님 맞나 안 맞나 셈을 한번 해보세요'하면
열심히 셈을 끝내면서 '맞는데요'한다

어느 날부터 나는

오천 원 묶음에 100원짜리 하나를 더해서 드려본다
그때도 '맞는데요'하면서 싱긋 웃는다

나는 미안함을 달래기 위해서
동전을 들고 갈 때마다
100원짜리 하나를 더해서 드리기로 했다
그렇게 되면 5천백 원이
5천 원 역할을 하게 된다
가게주인이 알아줘도 그만
안 알아줘도 그만이다
왜냐면 나의 미안함이 더해서
함께 좋으면 나는 행복한 일이다
동전 한 잎 더 하기가
내 마음을 이렇게 편안하게 해준다

친구

내 사정을 버리면
친구를 만날 수 있더라
나만 보고파 하는지
그래서 연락은 내가 먼저 하는 편이다
당장 보고 싶은데
친구의 만남은 자꾸 비켜가더라
내가 보고프면 너가 시간이 안 되고
너가 보고프면 내가 시간이 안 되더라
이런저런 이유 없이
그냥 만나는 것이 최고다 싶어서
연락은 끊지 않고 계속되고 있다
언제나 내가 먼저 연락하면서
내 사정을 버리면
친구를 만날 수 있더라

친구와 뱀 이야기

보리타작을 하려고
마당에 보리를 깔아놓고
어느 정도 마른 후에
도리깨로 타작을 하고 있는데
뱀이 보릿단 밑에서 몇 번 맞고
꾸물꾸물 기어 나왔답니다
여기서부터 뱀의 운명이 시작됩니다
그냥 보내 주었으면 좋았을 텐데
펑펑! 펑펑! 울면서
도리깨로 죽게끔 두들겨 팼답니다
그냥 살려 주지 그랬냐고 했더니
옛말에 죽이려면 확실히 죽여야지
반쯤 죽여 놓으면
나중에 꼬치 물로 온다고 해서 그랬답니다
뱀도 건들지 않으면
사람을 피해서 갈 길을 간다고 하던데
친구가 그 순간 얼마나
무서웠으면 그렇게 했을까 생각해 봅니다
사람이든 짐승이든

사고는 예측할 수 없는 데서
일어나고 있는 것 같네요
조심조심으로 마무리하겠습니다

보리밥집 에피소드

아리랑 보리밥집은 가게가 아주 작아서
등받이 없는 긴 벤치로 손님을 맞이하고 있다
가로가 길고 세로가 아주 짧은 관계로
겨우 걸쳐 앉을 정도지만 유명한 집이다
코로나19는 저 멀리 가라 하고
모르는 사람끼리 앞을 마주 보고 앉고
옆으로도 딱 붙어 앉아야 할 형편
그래도 줄을 설 정도로 손님이 많은 집이다
그런데 그날도 줄을 서고
기다리는 마지막 두 사람 중
내가 속해 있었다
하필이면 그 손님이 남자였다
안쪽으로 자리 찾아 나란히 앉았는데
앞에 앉은 이쁜 여인이 내 옆에 앉은 남자분한테
계속 말을 걸며 웃고 있었다
보아하니 오랜만에 우연히 만난 아는 사이 같았다
나한테도 계속 눈길을 주면서
미소를 보내고 있다가 먼저 나가면서
그 남자분 밥값 계산해주면서

내 밥값까지 함께 계산하고
인사하고 나가는 데는 어쩔 수가 없었다
옆에 앉은 남자의 말씀인 즉
'부부인 줄 알았는 모양입니다'라고
조심스럽게 말을 건넸다

그런데 앞에서 지켜본 남자분도
역시 그런 줄 알았다네요
남자 옆에 앉은 죄로
졸지에 부부가 되어 버렸네요
그 이쁜 여인은 삼문동에서
주유소를 하는 사장이라네요
남자분은 그 여인의 아주 단골 손님이랍니다
부부인 줄 알고 계신분에게 드립니다
주인이 손님 관리 차원에서 붙여놓은 것이고
우리는 부부가 아니고 처음 본 사람이니
오해를 하지 말았으면 합니다
다음에 기회가 되면 그 여인을 보리밥집으로 모시고
오해를 풀고 싶네요

살포시

미꾸라지 잘 잡고
소 꼴도 잘 뜯고
나무꾼 노릇도 잘하던
억척같은 그때 그 철수가
오늘따라 많이 보고 싶구나

우물가 빨래터에서
싱글벙글 웃으면서 지나가던 철수는
완전 스타였지

저녁달 비치는 봉창에서
부엉부엉 소리도 잘 내고
휘파람도 잘 불던
영철이도 함께 보고 싶구나

살포시 한번 모이자
당산나무 그늘 아래
들청마루에서 막걸리 한 잔에
매미 울음소리 타서 마시며
옛 추억에 한 번 젖어보자구나

백세시대

옛날 고려장(高麗葬)을 잘 알고 계시겠지요
벌써 제 나이가 그 나이가 되었다고
친구가 은연중에 통보를 합니다

정희야
그렇다고 기죽지 말자
아자 아자 아자!
아가씨에서 아줌마로 넘어갈 때는 잘 몰랐다
나이 먹으면서 잘 알아야 할 보험회사 서류작성은
62세 전에는 주부로 작성

62세가 넘어가면 어르신으로 작성해야 된다기에
속이 좀 상했지만
정희는 그래도 기죽지 않고
넘어야 할 고비를 잘도 넘어갔지
70 80 90이 되어도 넘어야 할 고비를 잘 넘기면
100세까지 무탈할 거야
정희야
기죽지 말고 힘내면서 살자
아자 아자 아자!

추억 한 자락

4, 5십 년 전 그때 그 시절 사람들을 만나면
옛집 대문을 열어 놓고
구석구석을 함께 둘러보자고 한다
부엌 그을린 실겅 너덜너덜한 숯검정 천장
먼지로 분단장한 찬장 그을림 속에서
빼꼼히 보이는 파란 하늘에 얼굴을 닦아본다
대나무 실겅 위 그릇 옆에
대자로 누워 있던 뱀은 자기 집인 양 태평스러웠고
쥐는 찬장 속에서 배고픔을 달래고 있을 때
눈치 빠른 아궁이 불은 밥을 짓고 있었다
지금 생각하면 어떻게 살았는지
모르겠다고 하는 마음속에는
돈 주고도 살 수 없는 소중했던 추억이
자리 잡고 있었다
추억 앞에 서서 가만히 뒤돌아보니
자연이 주는 신비스러운
그을림 보약을 먹고 자랐기에
지금 나는 건강한 세월 앞에
함박 웃음꽃을 피우고 있지 않나 생각해 본다

이웃사촌

세상을 살아가면서
제일 가까이에 있는 가족이나
제일 가까이에 있는 친구들한테
상처를 제일 많이 받고 살 때가 많다고 한다
그래서 요즘 친족 간에도
인연을 끊고 사는 사람들이 많다고 한다
요즘 이런 현상들이 주위에서 많이 일어나고
있는 것 같아서 마음 아프다
이유는 가까이 있는 사람의 모든 것은
별거 아니라고 생각하고
본인이 최고라는 자존심을 갖고 있기 때문일 것이다

가까울수록 서로 아끼고 사랑하며 살아도
모자라는 세상에 가깝다고 함부로 대하고
그 사람을 깎아내리려고 하고 있으니
마음이 많이 아프다
이웃사촌이 정말 좋은 것
먼 데서 찾지 말고 가까운 이웃끼리 의좋게
잘 지냈으면 좋겠다

귀빠진 날

해마다 생일이 찾아와도
내 생일이 언제인 줄도 모르고 지날 때가 많다
1/11(음) 생일날을 그냥 모르고 있었는데
서울에서 전화가 왔다

오늘 언니 생일인데 축해해
아, 오늘이 내 생일이구나 챙겨줘서 고맙다

한참이 지난 후 해 질 무렵에
시골집에 왔냈교, 옆집에서 말 하셔서
예 왔습니다, 하니
옆으로 한번 나와 보이소, 하신다
항상 옆으로 나와 보이소, 하시면
어르신께서 울타리 너머로 먹거리를 넘겨주시곤 했다
그날도 미안한 마음도 있지만
그래도 울타리 옆으로 자연스럽게 가게 되었다
아닌 게 아니라 호박죽에다
딸기를 상차림을 해서 넘겨주셨다

다른 때는 비닐봉지에 담아 넘겨주셨는데
오늘은 우째 어르신이 내 생일를 눈치를 채셨나
기분이 좋았다
그날 내 생일은 어르신께서 주신
값지고 귀한 호박죽과 딸기로 즐거운 생일를 보냈다
최고의 선물 호박죽과 딸기를 사진 속에 담아
서울로 보내면서
종미야 'Happy day다'란 말도 함께 보냈다
그렇게 보낸 내 생일은 평생 잊지 못할 것 같다
아무리 바빠도 귀빠진 날은 잊지 마시고
잘 챙겨 드시길 바라겠습니데이

우리 동네 이야기

동네길 따라 돌고 돌며 탐방하고 있는데
골목 안쪽에 살고 계시는 어르신이
내게로 다가와 하시는 말씀
저 나무의 새가 우리 딸 차에 똥을 눈다고
해결 좀 해달라고 하셨다
구청에 민원을 넣어도 해결이 안 된다고
저보고 해결해달라고 하네요
허허 거 참 난감하네요
제가 새들을 위해서
차 위에 새똥을 치워주죠 뭐
딸이 친정에 자주 오는 것도 아니고
가끔 오는 모양인데
거 참 사람들 욕심은 끝이 없는 것 같네요
동네에 큰 나무가 있으니 좋고
거기에 새가 날아 날아드니 더더욱 좋은데
새가 실례를 했군요
세상은 자연과 더불어 살아야 탈이 없다고 하는데
오랜 세월 살아오신 어르신께서는
그 사실을 아시는지요 모르시는지요

당산나무가 사는 이유

시골 마을 당산나무 아래 풍경은
이런저런 소곤소곤 귓속말을 먹고 자란다고 합니다
그중에 남의 흉허물도 쪼끔 먹고 자라겠지요
마을 입구로 택시 한 대가 들어오기 시작하면
전부 다 고개를 택시 쪽으로 확! 돌려서
차가 사라질 때까지 쳐다보고 있다고 합니다
그리움이 비켜 간 걸까요
사무치는 그리움은
남의 집 대문 앞까지 따라간다고 합니다

시골스러운 당산나무 풍경 아래 그리움은
오늘도 이런저런 이야깃거리를 먹으면서
세월을 보내고 있다고 합니다

80대 어르신의 사투리

오일장으로 가는 농어촌 버스 안에서
마스크 때문에 기사한테 디기 혼났다는 말을
대합실에서 그대로 옮기는 80대 할머니의
사투리가 참 재미있다

마스크를 코꾸중에 걸쳐 가지고
다닐 빼에야 뭐 할라꼬 걸치고 다니닌교
코로나가 코꾸중으로 다 드나드는데
그래 걸치고 다니면 찌나 마나지 뭐
저거집에 가서는 벗고 있든지 말든지 하지

기사의 말을 그대로 옮기는
할머니의 사투리를 듣고 있던
또 다른 할머니의 사투리는 이랬다

마스크는 똑바로 찌고 다녀야지
나는 노인정에 가도 똑바로 찌고 앉아 있다

당당하게 주고받는 사투리에

저절로 웃음이 나오지만 알고 보면 이야기 모두다
코로나를 잘 이겨 내자는 뜻을 가지고 있는
어른신들의 바른 생활 사투리였다

* 수산 오일장 대합실에서 80대 어르신이 주고받는
대화 내용을 듣고 나서

올해는 김장을 몇 포기나 하셨는지요

그때 그 시절 부모님 세대에는
배추 100~200포기
군불 땔감 쌀 두 가마니
도장에 가득 채워 놓고 나면
우리 부모님 월동 준비 끝이었습니다
하루 고생해서 백날이 편하다면
팔다리가 쑤시고 아픈 것쯤이야
아무것도 아니라고 생각하셨습니다

시대 변천사로 요즘 사람들은
절인 배추를 사다가 김장을 해도 끙끙
담아 놓은 김치를 사다가 먹는데도 끙끙
힘들다고 하니 세상 참 많이 편해졌습니다
시대 변천사에 따라 옛 사람들도 어쩔 수가 없어서
따라가고 있는 것 같습니다

아무리 그래도 잊을 수 없는 그때 그 시절
김장하는 날 먹었던 어머님표
돼지고기 김치보쌈이 생각나는데
오늘만큼은 제가 준비해서 피로회복제로 대접할게요

* 창녕 옥천에서

계묘년(癸卯年) 새해에

떠나가는 저 세월이
나이 한 살 더 먹여 주고 얄밉게 떠나가네요
뒷모습이 왠지 쓸쓸해 보이지만
함께 했던 세월만큼이나 인연도 깊어서
영영 못 잊겠지만 어차피 가는 세월 웃음으로 보내야지요
살기 위해서 먹느냐 먹기 위해서 사느냐
그것이 문제로다, 이런 유명한 말들이 있지만
우리는 살기 위해서 나이를 한 살 더 먹습니다

그래서 체하지 말고 조심스럽게
꼭꼭 잘 씹어 천천히 먹어야 된다며
백 년 세월을 남겨 두고 떠나가네요
한 살 더 먹어야 살고
한 살 더 먹지 않으면 죽는다는 이치를
잘 깨달았으면 좋겠네요
새해가 되면 또 한 살 더 먹었네
지난 세월을 탓하며
아쉬워하는 사람들이 많이 있겠지만
어떻게 보면 우리는

한 살을 더 먹기 위해서 열심히 세상을 살아가고
한 살을 더 먹기 위해서 웃고 울고 하는 것 같아요
이렇게 저렇게 살아가다 모든 것을 멈추는 그날에는
백 년의 세월도 무너지고 모든 것이 끝입니다

癸卯年 2023年 눈토끼와 만나다

엊그저께 하얗게 내린 눈이
초록의 산들에게 설경 꽃 선물을 하더니
도시의 거리에는 눈토끼 장식으로
희망을 안겨주네요

공원에 살포시 쌓인 눈이 바람결에 그린 무늬로
오가는 사람들을 환상 속으로 초대하네요
하얀 눈 덮인 세상을 걸어보는 발자국마다
내 마음속 순백꽃 하나하나가 피어납니다
하얀 겨울은 정말 아름다워요
누군가에게 순백의 기쁨을 듬뿍 주려
찾아온 멋쟁이 화가 설경 화백님

만남은 우연이지만
마음을 나눔은 영원이라
내년 겨울에 다시 만나기를
초록의 산들에게 약속이란 글자를
하얀 붓으로 새겨 두고 떠나갑니다

* 은평구 서부병원 건너편 대로변을 친구와 함께 걷다가

어설픈 일상의 풍경 하나

친구와 밥을 먹다가
털바리처럼 가슴에다 밥풀 칠을 하며
그림을 그린다
빨갛게 하얗게
그 풍경이 볼만한 모양인지
친구가 웃고 있다
나이는 못 속인다며 무색으로 덧칠해준다
내일 배고프면 떼어 먹으려고 붙여 놓았냐며
농담을 하는 친구도
가끔 그렇게 어설프게 그림을 그릴 때가 있다며
다 나이 탓으로 돌려준다
세월 앞에 받은 일상의 풍경
털바리 훈장은
욕심을 하나하나 버리면서 살라는 뜻인 줄 안다
남은 세월 욕심 없이 잘 살다 가야지

꽃봉우리 터지는 봄

두둠칫 두둠칫 꽃봉우리 터지는 봄
정지 너머 뚝방에는 생명을 깨우는 소리가 리듬을 타고
벚꽃 나무에는 맑은 바람이 불어와
벚꽃을 피우고 있을 때
쑥캐는 아낙내들 봇짐에는 쑥향이 가득 하구나
그림 같은 풍경 아래 모여 앉은 고향 친구들은
추억의 시간까지 데려다 놓고
막걸리 한잔에 웃음꽃을 피우고 있구나
추억 묻은 친구야
꽃봉우리 터지는 봄이 정말 아름답지 않냐
우리들도 그럴 때가 있었지
같은 추억을 가졌다는 것은 큰 행복이지
미소가 절로 나는 세월 앞에 그리움만 꺼내놓고
꽃봉우리 터지는 봄을 한번 즐겨 보자구나.

할머니 지팡이가 시를 쓴다

거동이 불편한 할머니의 지팡이가
나무 그늘 아래서 이렇게
시는 쓰고 있다
이면도로 가로수에는
좋은 바람 불어 와서 좋고
꽃이피면 꽃이 핀대로 좋고
꽃지고 나면 또
푸른잎이 무성해서 좋고
사계절이 아름다운
내 인생을 두고 누가 탓하랴
나는 맨날
이 자리가 좋아서 앉아 있다
목 마르면 뒤쪽에 있는
찻집에서 물 한모금 얻어 마셨어 좋고
내 나이 (87세) 에 여기 앉아서
오고가는 사람 구경 하는것도
큰 복일세 하시면서 이세상을
그려 보신다 새처럼 훨훨 날아
다닐 수 있는 그런 날을 꿈꾸며

오늘도 내일도 할머니의 지팡이는
피어나는 추억 속에서
시를 계속 쓸 수 있는
봄날은 계속될 것입니다.

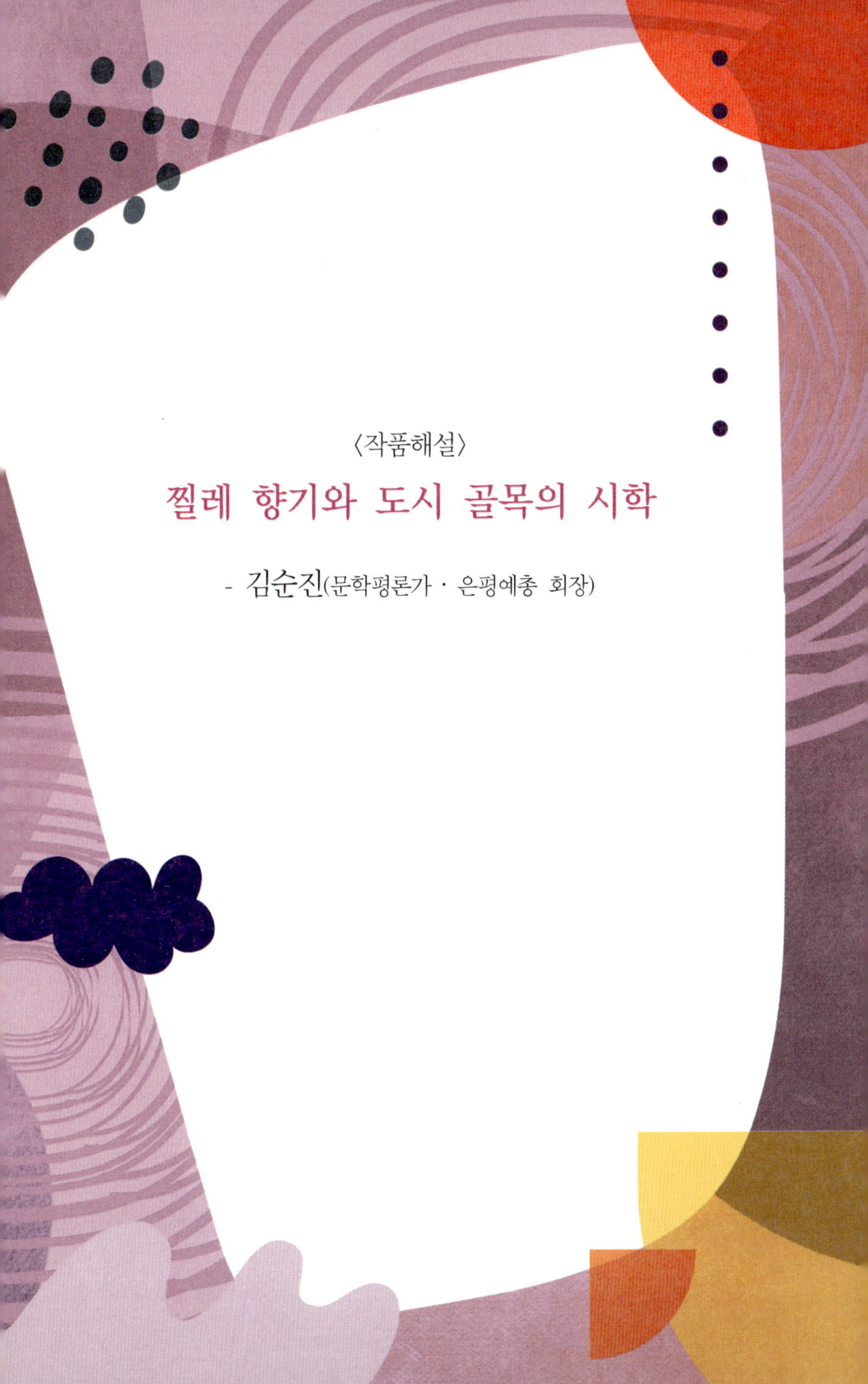

〈작품해설〉

찔레 향기와 도시 골목의 시학

- 김순진(문학평론가 · 은평예총 회장)

작품해설

찔레 향기와 도시 골목의 시학

김 순 진 (문학평론가 · 은평예총 회장)

민정희 시인이 두 번째 시집을 내신다. 민정희 시인은 필자와 같은 은평문인협회 회원으로 활동하고 계신 분인데, 소탈하고 성격이 좋으시기로 회원들 간에 정평이 나 있는 분이다. 그런데 사람만 그런 것이 아니라, 민정희 시인의 시를 읽어보면 '어찌 그리 사람을 닮았을까' 싶게 소탈한 소재와 사연, 즉 사물과 진실이 서로 잘 어울리며 우리들의 마음을 푸근하게 이끌고 있다.

나는 민정희 시인의 시편들을 읽으며 어쩌면 고향에서 보내온 찔레 향기와 말뚝박기, 구슬치기로 대표되던 도시 골목의 시학으로 읽혀진다. 엊그제 한 미술전람회 행사에서 '찔레꽃 가수'로 대표되는 장사익 선생을 만났다. 우리는 왜 장사익의 찔레꽃에 열광할까? 혼신을 다해 부르는 그의 노래 '찔레꽃'에서 우리는 고향의 언덕과 어머니의 남색 치맛자락을 느낀다.

고향마을 언덕에 하얗게 피어나던 찔레꽃을 우리는 그리움이라 말해도 좋을 것 같다. 요즘 도시 사람들은 이웃집에 누가 사는지 모르는 채 살고 있다. 옆집에서 사람이 죽어 나가도 나는 모르쇠로 일관하는 사람들, 아이들은 홀로 방에 틀어박혀서 컵라면을 든 채 김치도 없이 게임 중독에 빠져있다. 여인네들이 집에서 우리 고유의 인절미를 해 먹거나 두부를 해 먹는다는 것은 이제 먼먼 옛날이야기 속의 전설이 되었다. "그래가지고 우째 사노?" 민정희 시인이 한 그 말이 가슴에 들어와 박힌다. 사촌만 넘어서면 6촌이나 8촌은 남이라 생각해 그렇게 먼 친척들과도 만나느냐 물어보는 사람들, '요즘에 누가 집에서 잔치를 하거나 집들이를 하느냐?'면서 부모의 생일상도 집을 사서 하는 집들이도 식당에 가서 하는 세태에 정말 "그래가지고 우째 사노?"라고 묻고 싶다.

우리 시인들은 그러지 말자. 어른들이라 자처하는 우리들만이라도 이웃을 모르는 체 하지 말자. 앞집과 상추도 나누고 과일도 나누어 먹으며 살자. 가끔 옥상이나 뒤꼍에서 삼겹살도 구워 먹으며 정 나누며 살자. "저 집은 정말 싸가지 없어!"라고 먼저 단정 짓지 말고 명절 때 내가 먼저 앞집, 옆집, 아랫집, 윗집에 2, 3만 원짜리 식용유 선물박스라도 나누며 살자. 시골에서 올라왔다며 단감이라도 좀 건네고, 콩이며 찹쌀이라도 조금씩 나누며 살자. 한국이라는 사회는 정(情)의 사회다. 딸의 차 위에 나무에서 새똥이 떨어진다며 구청에 민원을 넣은 이웃에게 "내가 새똥 좀 치워주죠 뭐"하고 솔선수범하는 민정희 시인의 모습에서 우리는 고향의 정(情)을 느낀다. 어머니의 정을 느낀다. 점점 각박해져가는 세상에 인간미를 느낀다. 함께 살아가야 할 이유를 발견한다. "그래가지고 우째 사노"에 대한 해답을 얻는다. 그럼 이쯤에서 민정희 시인의 시를 통해 점점 더 각박해져 가는 현대사회를 살아가야 할 방법이 무엇인지 찾아보기로 하자.

엄마의 품속 같은 5초의 행복에
마음이 싸르르 녹는다
겨울 목욕탕 로비에 겨울바람 선풍기와 나
여름 바람 드라이 아가씨
동시에 돌아가는 바람에
각자의 머리카락을 날리고 있을 때
따스한 드라이 바람으로
머리카락 말리고 있던 아가씨가
5초를 남겨 드립니다 쓰세요, 라고 한다
그 향기로운 바람에 얼마나 감동을 먹었는지
고마운 인사를 몇 번이나 히히
그 따스한 5초의 정 안에는
인품이 가득
사랑도 가득
배려도 가득했습니다
그대 향기에 세상이 아름답기에
겨울바람을 녹이는 여름바람

그 5초의 바람에게 여름의 시원한
겨울바람을 선물하고 싶다

-「5초의 행복」 전문

이 시는 목욕탕에 갔다가 그곳에 있던 한 아가씨의 '5초를 남겨 드립니다 쓰세요'라고 한 말에 대하여 감동받았던 이야기를 소재로 쓴 시다. '5초'라는 시간은 머리를 말릴만한 시간도, 가슴을 따스하게 데울 수 있는 시간도 아니다. 고작 5초라는 시간으로 할 수 있는 것은 많지 않다. 그렇지만 5초라도 남겨 주려는 배려의 마음은 50분보다 길어 보인다. 그리고 그 마음을 받아서 시에 싣는 민정희 시인의 마음은 이 책이 국립중앙도서관과 국회도서관, 대한출판문화협회에 납본이 되는 한 500년을 넘어서 우리 대한민국이 멸망하지 않는 한 오래오래 지속될 것이다. 1초라는 시간은 정말 엄청나게 긴 시간이다. 눈 깜짝할 사이에 지진이 나고 건물이 부서진다. 눈 깜짝할 사이에 불이 나거나 교통사고가 나 삶과 죽음의 기로에 서게 된다. 이혼도장을 찍는 시간도 눈 깜짝할 사이며, 기차가 떠나는 시간도 눈 깜짝할 사이다. 그렇게 생각하면 5초라는 시간은 정말 긴 시간일 수 있다. 천재지변이야 어쩔 수 없다지만, 5초라는 사간, 생각을 5초만 다시 고쳐먹는다면, 사과를 할 수 있는 시간, 기차를 놓치지 않을 수 있는 시간, 자살하려고 먹으려 했던 극약을 먹지 않거나 높은 곳에서 뛰어내리지 않아야겠다는 판

단을 할 수 있는 시간이다. 그리고 무엇보다도 상대방의 가슴에 대못을 박지 말고 "내가 잘못 생각했던 것 같아. 사과할게"라며 두 사람의 사이를 다시 옛날로 돌아갈 수 있는 시간도 5초면 충분한 시간이다.

기차가 오고 가는 밀양역에서
멋쟁이 젊은 여인이 생전 처음 보는 나에게
핸드백 쇼핑 가방을 맡기며 좀 봐주이소, 하고
빈손으로 살랑살랑 화장실을 가버린다
말 한마디 못 하고 나는
얼떨결에 지키고 있어야만 했다
돌아올 때 여인은 미소와 함께
믿음을 나에게 한아름 안겨 주었다

세상을 믿고 사람을 믿는
그런 세상이 빨리 왔으면 좋겠네요
그때 그 시절처럼 맑은 세상이면 얼마나 좋겠냐마는
요즘 세상은 그렇지 않으니
핸드백 쇼핑백이 화장실을 가고 싶지 않다고 해도
앞으로는 가지고 가시길 바라는
내 마음을 기부해 봅니다

* 밀양역 대기실에서 '믿음'이라는 선물을 받고 나서

-「내 마음을 기부해」 전문

사람들은 돈이 많아야 기부를 할 수 있다고 생각한다. 그런데 그렇지 않다. 기부란 돈으로만 하는 게 아니다. 한때 김영승 시인이 반지하 방에서 살았는데, 동사무소 직원이 와 창문 앞에 와서 물었단다. "선생님 뭐가 필요하세요. 뭘 도와드릴까요?" 그러자 김영승 시인이 대답했단다. "거, 햇빛이나 좀 가리지 말고 비키시오." 도와주는 것만이 기부는 아니다. 한 노파가 길모퉁이에서 쑥과 냉이를 조금 뜯어와서 팔고 있었다. 그 곁을 지나가던 한 여자가 말했다. "할머니, 이거 다 얼마에요." 할머니가 말했다. "나는 이걸 한꺼번에 팔려고 나온 게 아니에요. 저녁때까지 팔아야 사람들도 구경하고 시간을 보내다 들어갈 수가 있어요." 그 여자는 측은한 마음에 할머니의 나물을 모두 팔아드리고 싶었겠지만, 실은 할머니는 갈 데가 없어서 소일거리가 없어서, 사람 구경하며 좌판을 펼치고 있던 것이다. 밀양역 앞에서 생판 모르는 사람이 화장실에 다녀오겠다며 민정희 시인에게 가방을 맡기고 갔다. 그 가방 안에는 무엇이 들어있는지 모른다. 비싼 물건이나 돈이 들어있을 수도 있고, 아니면 거의 돈 되는 것이 없이 빈 가방일 수도 있다. 그렇지만 민정희 시인에게 가방을 맡긴 그녀의 가방 안에는 '신뢰'라는 매우 귀한 물건이 들어있었음을 민정희 시인은 알고 있다. 나는 『껌을 나눠주던 여인』이라는 수필집을 낸 적 있다. 녹번역에서 타서 종로3가로 향하는 지하철 3호선 안에서 한 여인이 껌 한 통을 꺼내더니 앞사람, 옆사람에게 껌을 하나씩 나누어준다. 싫다는 사람도 있고 받아서 그냥 쥐고 있는 사람도 있다. 나도 하나 받았다. 어떤 사람은 그녀가 보지 않는 사이에 손가락을 자기 머리 위쪽으로 빙빙 돌리며, 그녀가 돈 것 같다고 한다. 나는 그 자리에서 껌을 받아 입에 넣었다. 그녀가 나를 보고 밝게 웃어준다. 내 입에서는 상큼한 향기와 달콤한 맛이 감돈다. 나는 그냥 그녀를 믿기로 한 것이다. 나는 껌에 마취제를 발랐다든지, 극약을 발랐다고 의심하지 않았다. 그리고 그녀가 정신이 조금 모자라거나 돌았다고 생각하지 않았다. 그냥 그녀의 선심을 믿기로 한 것이다. 현대 사람들은 우선 못 믿고 의심부터 하는 것이 사기당하지 않고 사는 법이긴 하지만, 그래도 지하철이란 공개적 장소에서 껌을 나눠주던 그녀는 나에게 추억을 기부하고, 나는 그녀에게 믿음을 기부했다. 밀양역 앞에서 그 여자가 민정희 시인에게 믿음을 기부하고, 민정희 시인이 그녀에게 아무 일 없기를 소망하는 마음을 기부한 것처럼.

그래가지고 우째 사노
그래가지고 왜 못 살겠노
그런 말 하지 마라
이래가지고도 잘살고 있는데
어디를 가나 사람 사는
모습들은 비슷비슷한 것을
그래가지고는 그런대로 쿵쿵짝

이래가지고는 이런대로 쿵쿵짝이다
이 한세월 달래가며 그래가지고
우리 한번 잘 살아 보자구요

- 「그래가지고 우째 사노」 전문

민정희 시인이 인생을 살아가는 방법에는 '그래가지고'와 '이래가지고'의 두 가지의 방식이 있다. '그래가지고'는 해결하기 어려운 문제에 대한 포기의 방법이고, '이래가지고'는 이렇게 이렇게 풀어보려는 해법의 방법이다. '그래가지고'에는 여러 가지 분분한 이유를 동반한다. 시골에 태어났거나, 부모님 중 한 분을 일찍 여의었거나, 찢어지게 가난했거나, 중간에 아버지의 사업이 실패했거나, 부모님의 직업을 이유로 자주 이사를 다녔거나, 집에 불이 났거나, 홍수로 인해 집이 떠내려가는 등의 이유로 학업을 계속할 수 없었다, 가난하게 살 수밖에 없었다, 머리에 이가 득실득실할 수밖에 없었다, 보리밥을 먹을 수밖에 없었다, 굶을 수밖에 없었다 등, 자기가 그렇게 될 수밖에 없는 환경이었다며 자기합리화에 성공한다. 반면에 '이래가지고'란 '이렇게도 어려운 세월을 견뎌냈는데, 그까짓 조금의 어려움쯤이야 껌이 아니겠느냐?'는 자신감의 표출이다. 변변한 내의도 없이 그 추운 겨울을 났고, 코고무신만 신고도 눈밭을 걸어 다녔고, 쑥버무리, 보리개떡을 먹으면서도 충분히 살 수 있었는데, 지금 이렇게 좋은 세상에 왜 공부를 안 하느냐, 왜 부자가 되지 못하느냐, 왜 효도하지 않느냐, 왜 여행 가지 않느냐를 질타하면서 "도전하라, 너는 할 수 있다."라고 우리 자신에게 채찍질하는 것이다. 이는 '고생은 좀 했지만 아름다운 날들이었다'는 합리화의 논리, '아직 반병이나 남았다'란 물병의 논리다. 즉 '벌써 반병이나 마셨다'와 '아직 반병이나 남았다'란 물병의 논리 중, 전자인 벌써 반병이나 마신 사람은 '갈 길은 먼데 물이 반병밖에 남지 않았으니, 어떻게 해야 할까'라는 조바심을 동반하고, 후자인 '아직 반병이나 남았다'는 논리는 벌써 반쯤이나 했으니 조금만 더 하면 충분히 성공할 수 있다거나, 아직도 반병이나 남았으니, 뒷일을 걱정하지 말고 용감하게 진행하자는 도전적인 논리로 나는 민정희 시인이 우리에게 '그래가지고 우째 사노'라 물으며 '이래가지고' 한 번 방법을 찾아서 다시 살아보자는 용기의 말에 공감하며 이 시집의 제목으로 삼는 것이다.

밀양에서 조카 결혼식이 끝난 후
청개구리 한 마리가 제 차 트렁크에 타고
서울로 상경했습니다
서울 친구가 보고 싶어서 왔다고 하네요
엄마가 가출한 청개구리를 찾을 텐데 어쩌지요
친구 찾아 한강으로 가는 모습을 봤는데
친구를 잘 만나고
밀양으로 돌아갔는지 소식이 없네요
밀양행 기차표를 끊어주려고 했는데…

* 밀양 조카 결혼식 끝나고, 밀양수산 국농수들판

\- 「청개구리 한 마리」 전문

이 시는 의인법과 활유법의 시다. 나는 민정희 시인이 대학이나 문화센터에 가서 특별히 시창작수업을 하셨는지는 잘 모른다. 그런데 민정희 시인은 서민적인 정서와 자연친화적 서정을 통해 독자들의 가슴으로 아주 천천히 침잠한다. 그래서 민정희 시인의 시를 읽는 사람들로 하여금 '그땐 그랬지'라든지, '정말 그래'라고 고개를 끄덕이며 공감하게 만든다. 그 밑바탕에는 이런 의인법이나 활유법, 대유법이나 은유법 같은 수사법이 깔려 있기 때문이다. 우선 '청개구리가 승용차 트렁크에 타고 상경하였다'는 말에 주목해보자. 청개구리는 양서류다. 양서류라는 동물은 물과 멀어지면 목숨이 위태로운 동물이다. 그래서 양서류들은 물과 가까운 곳에 살아야 한다. 그래서 민정희 시인은 '청개구리의 서울은 아마도 가장 큰 한강이 아닐까?'라고 생각하면서 "친구 찾아 한강으로 가는 모습을 봤는데 / 친구를 잘 만나고 / 밀양으로 돌아갔는지 소식이 없네요"라고 말한다. 그리고 민정희 시인은 청개구리가 밀양으로 잘 돌아갔는지에 대한 걱정에 그치지 않고 "밀양행 기차표를 끊어주려고 했는데…"라고 말을 줄인다. 이 세상에서 청개구리에게 기차표를 끊어주려는 사람은 시인밖에 없다. 말하자면 생태주의적 발상이라 할 수 있다. 민정희 시인은 사람이 만물의 왕이라 물고기를 잡아먹어도 괜찮고, 나물을 뜯어 먹어도 좋으며, 필요하다면 산을 깎아 도로를 내도 좋다는 인간중심 사상이 아니라 이 세상에 존재하는 모든 만물은 함께 살아가는 존재로 인간이 함부로 해서는 안 된다는 생태주의적 사상으로 창작에 임하고 있다고 할 수 있다. 하찮은 미물인 청개구리에게 기차표를 끊어주려고 한 민정희 시인에게서 나는 살생하지 않는 불교사상을 넘어, 이 세상의 추체는 사람이 아니며, 누가 누구를 죽일 권리도 훼손할 권리도 없으며, 함께 살아가야 한다는 생태주의를 엿본다.

내 친구가 쑥버무리 만들어 놓고 부른다 했는데
여태껏 소식이 없다
그 순간 갑자기 옛날 어머니가 해주신 쑥버무리
생각에 그리움이 사무쳤다
쑥버무리 하면 어머니
쑥버무리 하면 고향 생각

쑥버무리! 쑥버무리! 하다
향수에 젖어본다
내 손으로 해 먹어도 되지만
친구의 소박한 정을 듬뿍 넣어 만든
쑥버무리가 먹고 싶었던 건데
여태껏 소식이 없다

혹시 쑥을 봄바람에 다 날려버렸나

혹시 혼자서 다 먹고 치워버렸나
이럴 게 아니라 내 정을 먼저 줘야겠다
먼저 나의 정을 듬뿍 넣은 쑥버무리 만들어 놓고
내 친구를 불러봐야겠다
친구야 우리 쑥버무리 먹으면서 향수에 한번 젖어보자

-「쑥버무리」 전문

쑥은 우리 민족과 뗄레야 뗄 수 없는 불가분의 관계에 있는 식물이다. 우선 우리 민족의 조상이라 할 수 있는 단군(檀君)은 환웅(桓雄)과 곰이 변한 웅녀 사이에서 출생하였다고 전해져 내려오고 있는데, 환웅은 하늘의 신(神)인 환인(桓因)의 아들로 지상에 내려온 천손이다. 이 환웅 설화는 승려 일연이 쓴 『삼국유사』에 나오는데, "곰과 호랑이가 인간이 되고 싶다고 찾아오자, 쑥과 마늘을 주며 동굴에서 햇빛을 보지 않고 100일간 버티면 인간이 된다고 알려주었다. 곰이 100일간 쑥과 마늘을 먹고 웅녀(熊女)로 변해 환웅(桓雄)의 아들 단군을 낳았다"고 한다. 농경사회에 있어 쑥은 그야말로 아무것도 버릴 것 없는 식물이었다. 새봄에 가장 먼저 올라오는 햇쑥을 밀가루나 쌀가루에 버무려 대나무 채반 위에 얹어 찌면 쑥버무리가 된다. 쑥버무리는 특별한 조리 기술 없이도 만들어 먹을 수 있는 주전부리로 보릿고개로 대표되는 6, 70년대를 살아온 세대에게는 가난을 건너게 해주던 구황식물이었다. 길게 자란 다북쑥에서 베어온 쑥대를 엮어 말리면 집안이 들여다보이지 않도록 문발이나 나물을 말리는 나물발로도 쓰였다. 아버지는 해마다 약쑥을 베어다 엮어 뒤꼍 벽에 매달아두셨고, 봄이면 가마솥에다 약쑥을 다려서 한 양재기씩 우리에게 먹이며 눈깔사탕을 주시곤 하였는데, 그 쓰디쓴 약쑥 다린 물을 한 사발씩 마시고 나면 봄에 입맛이 좋고 잔병치레를 하지 않는다고 하셨다. 돌부리에 걸려 넘어져 무릎이 깨지거나, 낫으로 손을 베었을 때도 쑥을 찧어 붙이곤 했는데, 민간요법으로서의 쑥은 지혈이나, 소독적인 측면에서도 훌륭한 약품이 되곤 했다. 쑥버무리는 절구에 찧지 않고 만든 떡이고, 절구에 쑥과 밥을 해서 함께 찧어 먹던 쑥개떡도 당시엔 가난으로 인한 허기를 달래주던 특별한 간식이었는데, 이젠 웰빙 음식으로 인기가 많으니 아이러니를 느낀다.

동네길 따라 돌고 돌며 탐방하고 있는데
골목 안쪽에 살고 계시는 어르신이
내게로 다가와 하시는 말씀
저 나무의 새가 우리 딸 차에 똥을 눈다고
해결 좀 해달라고 하셨다
구청에 민원을 넣어도 해결이 안 된다고
저보고 해결해달라고 하네요
허허 거 참 난감하네요
제가 새들을 위해서
차 위에 새똥을 치워주죠 뭐

딸이 친정에 자주 오는 것도 아니고
가끔 오는 모양인데
거 참 사람들 욕심은 끝이 없는 것 같네요
동네에 큰 나무가 있으니 좋고
거기에 새가 날아 날아드니 더더욱 좋은데
새가 실례를 했군요
세상은 자연과 더불어 살아야 탈이 없다고 하는데
오랜 세월 살아오신 어르신께서는
그 사실을 아시는지요 모르시는지요

-「우리 동네 이야기」 전문

민정희 시인은 응암동에 사신다. 나도 그 동네에 살았었는데 지금은 그곳에서 이사 온 지 오래다. 그래서 나는 그곳의 지형과 골목의 위치에 대해 잘 알고 있다. 그곳엔 큰 느티나무가 있어 사람들이 그늘 아래서 쉬곤 한다. 그곳 근처에는 값싼 물건들로 넘쳐나는 대림시장이 위치해 서민들이 살기에 적격이다. 그곳뿐만 아니라 도시의 삶은 골목이 좁고 집이 다닥다닥 붙어있어서 가끔 주차 문제로 분쟁이 일어나기도 한다. 가끔 재개발이나 건축물이 새로 들어서려면 분진과 소음문제로 구청과 동사무소에 민원을 넣는 경우도 있다. 그런데 나무의 새가 딸의 차에 새똥을 싸서 구청에 민원을 넣었다는 말에 피식 웃음이 난다. 그게 어찌 민원을 넣을만한 대상인가? 차를 그곳에 주차하지 않든지, 아니면 차를 덮어놓으면 될 일 아닌가?

그런데 딸의 어머니는 딸의 차에 새똥이 떨어지는 게 싫으신 모양이다. 이 이야기를 들은 민정희 시인은 직접 새똥을 치워주기로 결심한다. 그 이후로 민정희 시인이 얼마나 오랜 시간 동안 새똥을 치웠는지 알 수는 없지만, 직접 남의 차에 떨어진 새똥을 치워주는 수고를 베풀겠다는 마음만으로도 충분히 이웃과 우리들에게 귀감이 된다. 동네에 당산나무가 있다는 것은 그만큼 정이 있는 동네로 생각되었다. 옛날에는 당산나무 아래서 할머니들은 '금자동아 은자동아'를 외우며 아기를 재우고, 할아버지들은 막걸리잔을 기울이며 장기를 두고, 아이들은 하나 둘 셋 넷……, 아흔아홉 백을 세면서 숨바꼭질하곤 했다. 그런 당산나무의 감사함을 잊은 채 새가 딸의 차 위에 똥을 싼다고 민원을 넣고 이웃에게 해결해달라고 한다니 이를 격세지감이라 해야 할까? 다음의 '당산나무'에 관한 시 한 수 더 읽어보자.

> 시골 마을 당산나무 아래 풍경은
> 이런저런 소곤소곤 귓속말을 먹고 자란다고 합니다
> 그중에 남의 흉허물도 쪼끔 먹고 자라겠지요
> 마을 입구로 택시 한 대가 들어오기 시작하면
> 전부 다 고개를 택시 쪽으로 확! 돌려서
> 차가 사라질 때까지 쳐다보고 있다고 합니다
> 그리움이 비켜 간 걸까요
> 사무치는 그리움은
> 남의 집 대문 앞까지 따라간다고 합니다

시골스러운 당산나무 풍경 아래 그리움은
오늘도 이런저런 이야깃거리를 먹으면서
세월을 보내고 있다고 합니다

- 「당산나무가 사는 이유」 전문

민정희 시인의 시가 첫 시집에 비해 두 번째 시집에서는 확실히 완성도가 높아지고 발전하고 있음을 느낀다. 이 시는 공감각의 이동을 통한 시창작 방법으로 고도로 훈련된 시인이 아니고는 쓰기 어려운 시다. 일찍이 나는 졸시 「복숭아꽃」이란 시에서 "복숭아꽃은 소리를 엮어 꽃잎으로 내놓는다 / 촘촘히 나올 잎사귀를 온몸에 감추고 / 세상을 엿들어 꽃잎을 엮는다 / 두엄 실은 경운기 소리, 아버지 목울대를 넘어가는 막걸리 소리 / 파밭 일벌들의 농요를 모아야 / 꽃잎이 된다"고 했는데, 민정희 시인은 「당산나무가 사는 이유」에 대하여 "이런저런 소곤소곤 귓속말을 먹고 자란다"고 말한다. 그래서 "마을 입구로 택시 한 대가 들어오기 시작하면 / 전부 다 고개를 택시 쪽으로 확! 돌려서 / 차가 사라질 때까지 쳐다보고 있다고 합니다"라며 느티나무를 사람으로 대한다. 앞서 말한 의인법과 활유법의 적용이다. 느티나무가 택시가 들어오는 쪽으로 고개를 확 돌린다는 발상이 너무 재미있고, 공감각적이다. 동물은 말을 알아듣고, 아픔을 느끼고, 냄새를 느끼며, 맛을 알고, 촉감이 있지만 식물은 그렇지 않다. 그래서 미모사라는 움직이는 식물이 사람들 사이에 인기가 있는 것이다. 미모사는 신경초라고도 하는데 손가락으로 건들기만 해도 펼쳐진 잎사귀를 갑자기 접어 아래로 늘어뜨린다. 여기에서 그들, 즉 느티나무 가지들은 사람들이 수군거리는 귓속말 '누가 바람을 피었대', '누구 엄마가 도망을 갔대', '누구네 아버지가 어느 과부네 집으로 밤에 들어가더래' 같은 귓속말에서부터 ' 아무개는 제 스무 살밖에 안 됐는데 벌써 임신했대', '거지처럼 살다 야반도주한 아무개네가 큰 부자가 됐대', '학교에서 공부라면 매번 꼴지를 독차지하던 아무개가 교수가 됐대'라며 수근거리는 소문까지 느티나무에게는 성장의 거름이 된다.

이렇게 해서 민정희 시인의 시 7수를 읽어보면서 그녀의 시세계를 여행해보았다. 민정희 시인은 지금 두 군데에 거처를 가지고 산다. 그 중 하나는 밀양의 고향 집이고, 하나는 서울 응암동의 집이다. 그녀는 자주 고향에 내려간다. 그곳, 고향집을 카페처럼 아름답게 차려놓고 친구들을 불러 차를 마신다. 그리고 가슴에 찔레향기가 가득 들어찰 때쯤 그녀는 기차를 타고 서울로 상경한다. 그리고 도시 골목에 찔레 향기를 뿌린다. 차 위에 새똥을 치워주고, 이웃들에게 '안녕하세요?'라고 밝게 인사하며, 봉사활동을 다니기도 한다. 그녀가 지나가는 도시의 골목은 금방이라도 찔레꽃이 피어나는 것처럼 환해지면서 달콤한 찔레향이 난다. 부침개를 부쳐 이웃과 나누고, 쑥버무리를 해 동료들과 나누는 삶이 그녀의 주된 일과요 삶의 목표다. 그래서 나는 민정희 시인의 시를 일컬어 "찔레 향기와 도시 골목의 시학"이라 말하고 싶다. 민정희 시인의 시는 밀양과 서울의 거리를 좁힌다. 고향과 도시의 거리를 좁히고 어머니와 딸의 거리를 좁히며, 기계와 손의 거리를 좁힌다. 그래서 민정희 시인의 시는 과거와 현재의 거리를 좁히고, 너와 나의 거리를 좁혀서 결국 '함께'라는 '우리'라는 말로 테두리를 치고 그 안에 정(情)이라는 찔레향기를 가득 채워 향수(鄕愁)에 대한 그리움을 삭혀준다.

이처럼 완성도 높은 두 번째 시집 『그래가지고 우째 사노』의 상재를 진심으로 축하드린다.

그래가지고 우째 사노

민정희 제2시집

초판발행일 2023년 5월 31일

지은이 : 민정희
발행인 : 김순진
편집장 : 전하라
디자인 : 김초롱
펴낸곳 : 도서출판 문학공원
등　록 : 2004년 3월 9일 제6-706호
주　소 : 우편번호 03382 서울 은평구 통일로 633
녹번오피스텔 501호 스토리문학사
전　화 : 02-2234-1666
팩　스 : 02-2236-1666
홈페이지 : https://blog.naver.com/ksj5562
이메일 : 4615562@hanmail.net